有风

地面飞行

吴磊

中国华侨出版社
北京

后浪

目

contents

录

让我　我
降落　落

[序]

让我降落

现在是北京时间 14:25，我在飞机上。飞行时间 3 小时 25 分，飞机已经进入稳定飞行阶段，飞行高度 8412 米，机舱内温度适中，湿度适中。机舱内的乘客有的沉迷手机，有的看书读报，有的进入睡眠。机舱内的我，正看着窗外的云。

今天的云，有种云山云海铺天盖地的感觉，白得特别干净，干净得我大气都不敢出。这人一静下来吧，脑子就开始想事情，所以在这一趟飞行中，我想要想一想降落的事。

我从年幼无知的懵懂中走来，一路摸爬滚打跌跌撞撞，走到人声鼎沸，走到被人注目，走到为人品评。从最开始迈

着比旁人更大的步伐，到快步依靠惯性前进，再到被什么架着一路飞奔。可能当时年纪小，不懂什么是疲乏。直到我慢慢成长为一个成年人，"小孩"的保护壳一点一点碎裂，我需要独自面对四面八方的角力，也要面对内心的自己。

回过头来看，我承认有那么一段时间，我是迷茫的，是手足无措的，甚至有巨大的无力感。遥遥在望的梦想，无缝衔接的一个接一个行程，我必须时刻打起精神。如果说，作为一名艺人的生活是一场不落幕的演出，每天日落时，酒店房门关闭时，人声嘈杂渐行渐远时，我总会长长地呼一口气，瘫坐在沙发上对自己说一句："恭喜你呀，又平安度过一天。"

慢慢地，我也意识到这种状态的危险性。我开始频繁地思考、审视我当下的工作、生活、身边的关系构成；我也会问自己，现在的生活是你想要的吗？现在的状态是你觉得自在的吗？答案不得而知。

　　我们都不是独自一个人在生活，这是无法违背或者改变的客观事实，但是我们可以调整看待世界的眼光、感受生活的心。在明白这个道理之后，内心的那些疑问好像也就变得不那么重要。我努力地把自己拴在地面上，想要走出自己的步调，给自己安全感和幸福感。

　　以前觉得幸福很遥远，要梦想成真，要有所成就，向往飞到高处，看更多更壮丽的风景，听更多的掌声。近几年来，我对幸福的定义有了很大的变化，我也时常感觉到自己是幸福的。幸福是什么呢？对我来说，幸福是一桌好吃的川菜；是跑完步前脚刚进家门，后脚窗外淅淅沥沥下起小雨，打在树叶上沙沙的雨声；是结束一整天的工作冲完澡来到客厅，电视机在放着新闻，厨房的热水壶正烧着水呼呼作响；是有那么几个角色，细细对我诉说着他的故事，我可以和他同悲同喜，成为他又告别他；是在不同的陌生城市，不论天晴还是下雨，总为我守候，对我展开的一张张笑脸……我把这称之为"庸俗的幸福"。

　　在即将 20 岁的时候，我想用文字的形式记录下我心里的这些小小想法，分享给你们那些我认为推动我前进的小小瞬间。也许用不了多久，别人把这本书里的文字摆到我面前，我会不好意思地摆手"这是啥呀，别给我看，不要给我看"，但这一刻我很想分享给你们，也分享给未来的自己。

　　我希望我们都能有梦可以去实现，有方向可以去努力，有生活可以去感受。我想我们都能尽可能多地拥有"庸俗的幸福"，如果这些只言片语和照片也能成为其中一小块，那就更好了。

归零

□
我可以"代表"所有人的
决心和热情吗？

我觉得
我必须要比原来的自己
更努力、更优秀。

Dream

✦

Curiosity

01

（01）

归零

"大家好，我是表演学院 18 级本科新生——吴磊。"

这好像是我 20 年里，第一次真真切切地体会到梦想成真的喜悦。

我记得有大妹子翻出过一张动图，是我小时候在某部作品里大喊"我以后也要考北京电影学院"（那件红色高领毛衣真是"亮瞎"我）。本来就是在记台词，但不知道什么时候开始，这句话就这么记到心里了。

时间也非常迅速地从小时候的一句台词，到了确定意向、

准备艺考、上考场、准备高考的日子。我现在还是不太喜欢
回忆在家备考的那段时间。每天都在一间"小黑屋"一样的
房间，身后的柜子里是分科摆放的各种教材、试卷、参考书，
不同科目在固定的时间按时来夺取我的脑细胞，其中叫数学
的那一科仿佛要掏空我的脑袋……算了，算了，不提了。但
是得知高考成绩的那一瞬间，我觉得人还是要有梦想的，也
是真的要沿着梦想踏踏实实努力的。因为努力之后，实现梦
想的时候，会觉得人生是真的值得。

　　然后我迈进了北电大门。自我满足和收获喜悦之后，就
开始有了新奇和忐忑的感觉。我真的迈进大学了，可以体会
到别人说的"睁眼看世界"了。按照自己的理想，迈向了可
以获得更多专业知识的学府，我是幸运的。我会不辜负所有
人的期待吗？我可以成为自己想要的样子吗？

　　再然后，我走上了开学典礼的讲台。穿着北京电影学院
的短袖校服，看着台下密密麻麻的人，有一瞬间觉得自己有

点单薄。在座的全是和我有着相同梦想的年轻人，过关斩将来到这里，每个人看起来都身怀绝技，踌躇满志。我只是其中普普通通的一个。而我却站在他们对面，不是站在他们中间。虽然只是发言而已，但台下所有人眼神中的冲劲、热情和力量，我也看得更清楚了。我可以"代表"所有人的决心和热情吗？我觉得我必须要比原来的自己更努力、更优秀。

踏上讲台的那一瞬间，对我来说其实是踏进了一个新的开始。之前的一切全部清零，所有人带着同样滚烫的理想，站在同样的起点，没有谁自带 buff，大家都在为了自己的热爱努力向前奔跑，我也一样。

前十几年经历的所有，加减乘除得出一个率达头现小梦想的我。18 岁那年，给自己按个"归零"，"以最谦虚的态度、最本真的热情，脚踏实地地进行艺术创作，成为一名真正的电影从业者"。吴磊，从"新"开始努力！

在
那个瞬间
长大

我可以控制自己的眼泪，
但在那天失败了。

Childhood

✦

Family

02

（02）

在那个瞬间长大

在我 18 岁的时候，办了一场成人礼。我第一次这么盛大地过生日，这是少数能从荧幕后走到台前和粉丝一起庆生的机会。那场成人礼，我准备了很久。舞蹈、武术、弹吉他、唱歌……说实话，每一项都不是那么容易。武术还好，毕竟从小拍一些打打杀杀的戏，但舞蹈真的难，我可能这方面的细胞欠缺，一开始还总是同手同脚，四肢不协调。难的不光是舞蹈，还要加上对篮球的控制。彩排的时候我就想："篮球啊，你乖点啊，正式演出的时候你别乱跑啊！"唉，可是它最终也没听我的，表面波澜不惊的我，内心一下就慌了。

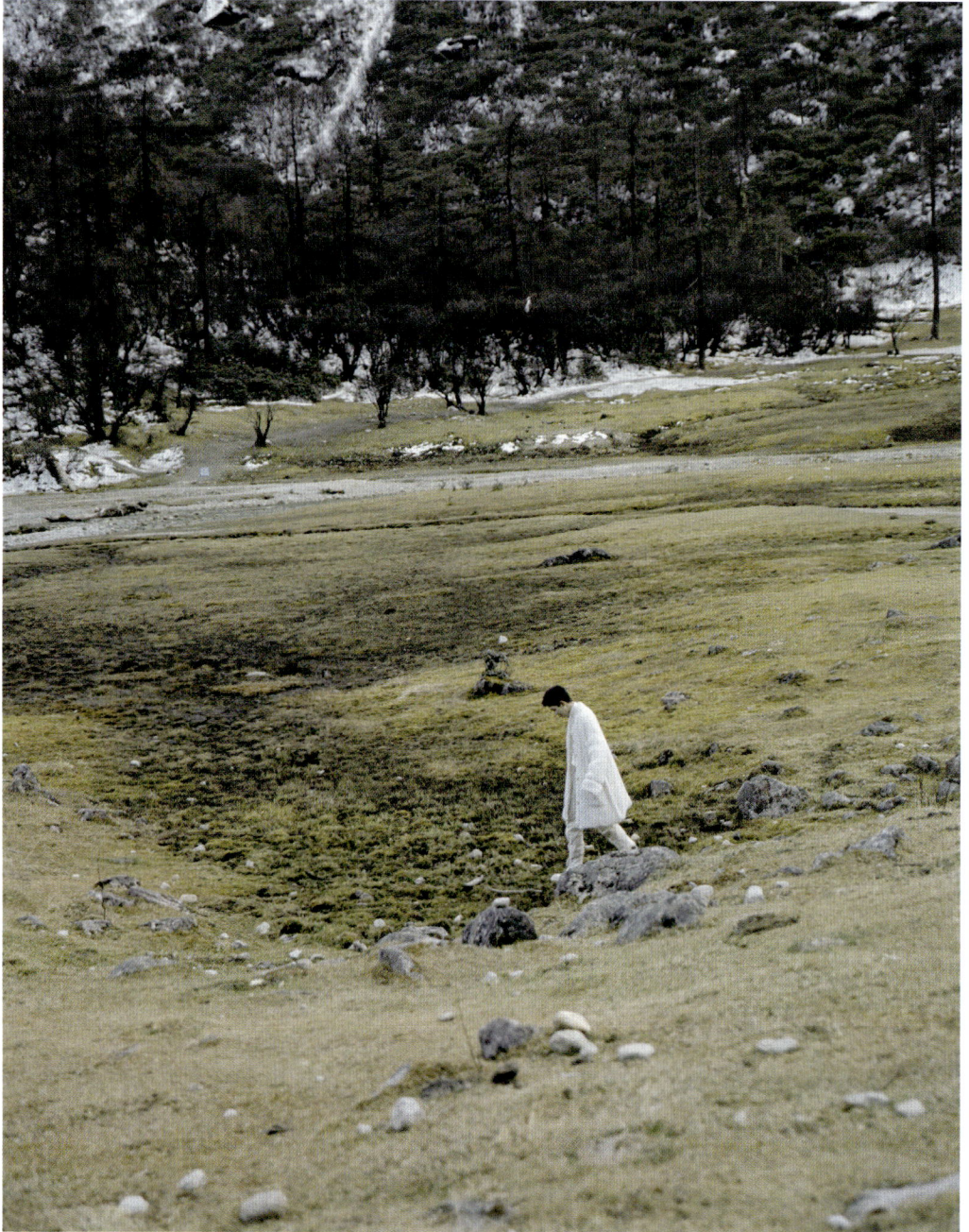

　　我不是很熟悉舞台上对镜头的交流模式。老师亲自给我示范，如何对镜头放电，我试图 wink 了好几次，都以失败告终。我庆幸我的自知之明，及时删除了这个互动表情，不然我脸部抽搐的镜头，又会成为被朋友"取笑"的表情包。

　　在开生日会之前，我说要不然和粉丝开茶话会好了，大家聊聊天、磕嗑瓜子什么的。当然，这个方案不出意外地被否了。然后选了一首《儿时》，来满足我的茶话会心愿。这首歌旋律轻柔，娓娓道来，像是在讲故事，讲述了我们大家的故事，一点点长大的故事。我觉得我唱得还行，这也是出乎我意料的，哈哈哈。

　　成人礼有一个隐藏环节，在生日会现场才揭晓，原来我的台本跟工作人员的不一样。在我完全不知情的情况下，突然听到了妈妈给我的一封信。一直以来，妈妈像超人一样，带着我闯荡各个剧组，寒冬酷暑，始终如一。我们见过彼此最狼狈不堪的样子，再支撑着彼此继续往前走。我平时和妈妈的相处，跟大家一样，有时会吵闹，有时会被唠叨，很少会走心地聊聊过去，聊聊我们的经历。后来，听说这个环节一度要被删掉，因为妈妈总是录着录着就开始哭，直到成人礼前一天，才终于完整地录好一版。我理解她，因为那天，我也没办法控制自己的眼泪。

在舞台上，我一直强忍着情绪。顺利结束后，我回到休息室和妈妈姐姐抱在一起，哭了很久，后来嗓子都哑了，心情才渐渐平稳。我很少情绪失控，这也是我懂事以来第一次爆发。那一刻我感受到了比唱歌跳舞都来得更猛烈的仪式感，就那一秒，那个瞬间，我长大了。

这
年轻人！

□
是初生牛犊不怕虎吗？
我觉得有一部分吧。

是小打小闹撞大运吗？
这个我觉得不全是。

Commitment

Passion

03

（03）

这年轻人！

"这（zhèi）年轻人"，这句话是我最近的口头禅。想一想觉得非常适合送给五岁时的自己。

大家应该听过"五岁小屁孩毛遂自荐拿下自己第一个角色，这究竟是初生牛犊不怕虎还是小打小闹撞大运"这个故事（这标题是我自己瞎编的，大概就这个意思）。细节就不再说了，也记不太清了，但现在的我，还是记得当时那一瞬间，不知来自哪里，却非常强劲的一股力量。

是初生牛犊不怕虎吗？我觉得有一部分吧。毕竟年纪小，就觉得大家都差不多，哥哥姐姐们会的我也都会，说哭就哭，说笑就笑，我可以！导演我真的可以！就这样握着个小拳头上了。男子汉嘛，气势不能输。"角色"这个词，对当时的我来说，可能和"玩具"是差不多的概念。所以我真的不觉得怕，我想要这个，我喜欢它，要好好表现才能得到嘛，那我好好表现不就好了？带着这么一股劲儿上了台，然后，如愿以偿。啧啧，这年轻人。

是小打小闹撞大运吗？这个我觉得不全是。可能当时不懂表演、理想、事业、人生，也不知道什么叫百折不挠、坚持不懈，只有一个想法，它好有趣，可是别人也能把它抢走，我得加油。虽然年龄不大，但决心不小，不能叫小打小闹，不然怎么能一使劲，努力了二十年。不过我承认自己的运气不错，从五岁那时候的如愿以偿，一步步走到今天，我得到过很多帮助、遇到的事情，不管好坏，不论大小，于我而言，都是有意义的经历。能从经历过的事情中得到经验教训或者成长，而不是茫然地生活，我觉得这都是我的运气。

　　对于五岁的小孩子来说，"决心"这个词可能都有点大了。那一瞬间，对我来说就是无法具体描述的一股力量，就像动画片里超级英雄飞起来的时候，身后留下的一道白光，是起飞那一刻的助推力。飞过很远之后，沿着这条白光，能看到自己出发的地方。谁年轻的时候没做过点英雄梦呢？可能某一瞬间，你也突然英雄"附体"，给自己一个力，起飞，也别忘记起点。

　　这年轻人，能在那一瞬间变成我的"超级英雄"，还是有点厉害。

在大自然里的时候，
我是完全的开放者姿态，
不设防，也不做过多保留。
我很享受这样把一切都抛开、掏空的时候。

保鲜膜大侠

成为大人的过程中，
不安和怯懦肯定有，
孤独和怀疑也出现过。

我敬佩那个什么都不懂，
只顾拍戏的小小男孩。

Boy

Warrior

04

（04）

保鲜膜大侠

　　我从 5 岁进组拍戏，住不同的酒店，驻不同的组，投入不同的角色，这样过完了我的人生前 20 年。我习惯了有时一觉醒来都不知道自己在哪个城市的生活。看似飘荡不定，但这反而给了我最强烈的安全感。

　　在我的内心深处，还有一种安全感来自保鲜膜。这种感觉，就像每次喝很苦的药前，家人会先给我剥好一颗甜甜的糖。这样我就会暗示自己："没关系，不怕！"

　　我小时候曾觉得"保鲜膜"这个东西，根本不应该出现在食物上、冰箱里。一层一层裹在我身上，那才是它真正的归宿啊。它陪着小小的我度过了一场又一场大夜的雨戏和冬天的下水戏，虽然有时候起不到太大作用。

　　我排斥过它，讨厌过它。只要它一出现，就代表今天的挨冷挨冻又少不了。到现在我依然清晰地记着那一幕幕场景，记着我每次紧张的心情，记着导演喊卡后我发着抖的小胳膊小细腿，哈哈哈。不过，保鲜膜其实也悄无声息地给了我力量，后来我甚至觉得我们在并肩作战。如果我是"战士"，它就是我的"铠甲"。每一次武装，包裹上层层保鲜膜，我内心的战鼓都在回响，鼓点在说："你要坚强，要勇敢。"

　　有时候我敬佩那个什么都不懂，只顾拍戏的小小男孩。有点偏，有点傻。那时的世界，简单到只容得下剧本里的文字和盒饭里的肉片。随着时间流逝，我也明白大人的世界有太多纷繁复杂的事情，需要我去适应、承担。在这种变化的过程中，不安和怯懦肯定有，孤独和怀疑也出现过。但我依然常常对自己说起那几个简单的字"要坚强，要勇敢！"我要继续裹着那一层无形的保鲜膜，在这个世界闯荡，没有角色里上天入地、武功高强的英雄风范，至少要做到一年比一年更优秀一点，进步一点。我姑且给自己命名为"保鲜膜大侠"好了！

　　好了，保鲜膜大侠先去睡一下，明天继续。

有一天，我睡完傍晚觉醒来，
窗帘开了一小块，
最后一点天光漏进来，
将房间分割成明暗两块，
就像生活在一个电影场景里一样
让人感到兴奋。

小屁孩
连锁效应

◻

如果把人生分为篇章，
这段时光，
一定是最纯粹也是最热闹的那一段。

Youth

+

Campus

05

（05）

小屁孩连锁效应

因为工作的原因，我从小就穿梭在各个剧组，从 5 岁开始，以一个"小屁孩"的身份，和形形色色的大人相处。所以每当我周围环绕着的都是"小屁孩"时，总会产生一种莫名的平衡感和愉悦感。

洗个头洗个脸，迎着太阳去学校，路上想着今天要吃食堂的牛肉米粉还是麻辣香锅，这会儿同学 W 给我发来微信："帮我打一下作业。"我点开他的文件："嚯，这年轻人，写了这么多！"再打开自己的，看看两个人的行间距一样，排版一样，字号一样，字体一样。好咧！齐活！经过之前被打回来的教训，这次我们都完美遵循了班长发来的格式要求。给 W 回了一个"向大佬低头"的表情，匆匆赶到了超市的打印店排队。

中午正吃着饭，同学 S 朝我走过来，嘴巴都要笑到耳后根了。这不是有什么大喜事才怪。果不其然，他走到我面前，悄悄凑上来跟我说："她答应做我女朋友啦！"我想我当时的嘴巴应该也咧到耳后了。这小子，从军训喜欢人家我就知道，一路看他费尽心思，皇天不负有心人，不容易啊不容易。为了庆祝他的爱情，那天我多吃了一个土豆丝卷饼。

下午学校有个活动，每个人发了一个本子，通过做游戏，把通关印章集满才可以领到奖品。我和同学 X 兴冲冲地来到操场，把益智类、体能类、"沙雕"类、莫名其妙类小游戏飞速做了个遍。我现在都想不通，那天我俩为什么可以如此迅速，跑到领奖区的时候，竟然是第一组！快到连发奖品的时间都还没到。至此，我们"狂猛绝速度二人组"只能游离

在游戏区外，像两个看热闹的老大爷，瞅着里边的孩子们狂欢。哎，行吧！就当是胜利者的孤独了，这样安慰着彼此，一起在寒风中顽强地等待。

放学，我去超市买了一杯热牛奶，看了一会儿店门口那条会发光的鱼，起身回家。路上 W 打来电话，问我明天要交的作业做了没，我才猛地惊醒，想到那天快写完了，但是好像没保存！顿时五雷轰顶，我朝着电话"啊"了半天说不出话，W 也跟神经病一样跟着我一起"啊"，后来两人相互交替配合，成功演变成一首动人的"驴叫交响乐"。

打开电脑，发现作业自动保存了，那一刻，觉得整个世界的灯都是为我而亮的。

　　同学之间相处时，谁打了一个奇怪的饱嗝都能笑得前仰后合，谁在群里发出下课上厕所邀请都能得到全员回应……这好像不能称之为默契，它是一种能量极强的"小屁孩连锁效应"。我想你也曾经经历过，或者正在经历。如果把人生分篇章，这段时光，一定是最纯粹也是最热闹的那一段。

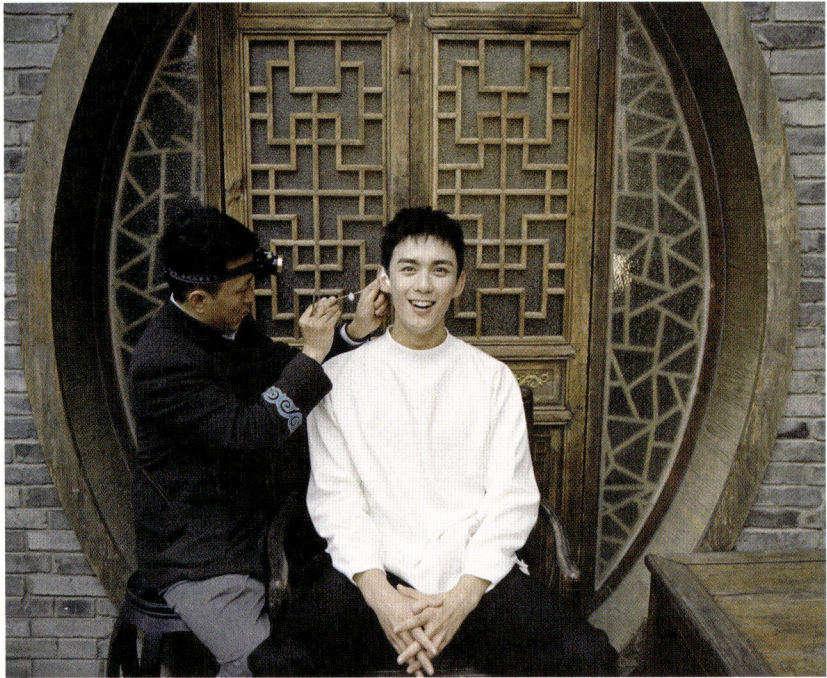

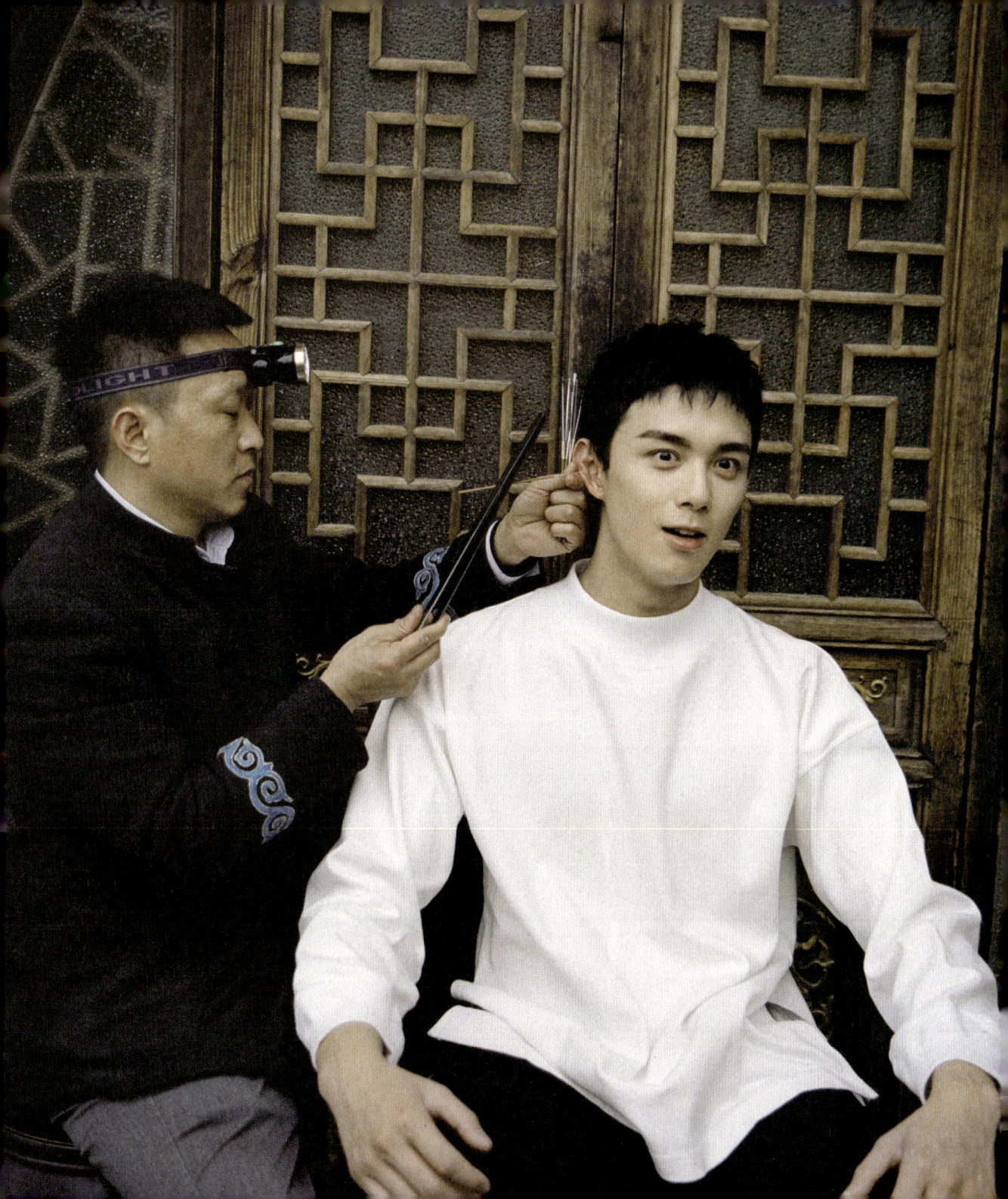

嘿，
小家伙儿

◻

看着你也像是一个人，
你要不要跟我回家？
喝水管够。

Love

+

Trust

06

（ *06* ）

嘿，小家伙儿

我是在深圳北站拍摄的时候遇到这个小家伙儿的，我给它取名叫小北，和我在《穿越火线》中饰演的路小北同名。

十月中旬的深圳还是有点闷热，这是我在深圳拍摄的第五个月了。我像往常一样，和整个剧组打好配合、默契拍摄。在查看以北站广场绿地为背景拍摄的镜头时，我们发现后景草丛里有一团白色的东西在蠕动。直到我拍完那一整场戏，那团白色都还在。在摄影师换机位的休息间隙，我忍不住好奇，朝草丛多看了两眼，好像是一只小狗！因为害怕把它吓到，我和工作人员轻手轻脚地挪到离它近一点儿的地方，结

果它倒是一点都不害怕，也不搭理我们这些围观的人类，专注地吐着自己的舌头。根据以往的经验，我猜它一定是热得渴了，于是从包里掏出保温杯，把水倒在杯盖里，试探性地伸过去。一秒钟以后，那个白色的毛茸茸的小脑袋就埋头霸占了我的保温杯盖。杯盖里的水喝干净了以后，我担心它没喝够，又倒了半杯水伸过去，这次它只喝了两口就停下了，抬起头来看着我。我朝它晃了晃手里的杯盖，"还喝吗？"它也没有回应，只是看着我，两只乌溜溜的眼睛像两个小黑洞。我环顾了一下四周，没有其他人，它身上也脏兮兮的，应该是一只流浪狗吧。我看了它一会儿，它的两个小黑洞也直勾勾地盯着我。"看着你也像是一个人，你要不要跟我回家？喝水管够。"我摊开手掌示意它过来，它真的伸过头来蹭了蹭我的手掌，于是我顺手就把它捞了出来带走了。从此它就跟着我了，还有了"小北"这个名字。

　　和小北的相遇是一种缘分，但和小北的相处就不仅仅是这样了。到了片场，我把它安置在我的化妆间，下了班带去宠物医院给它收拾收拾。洗完澡拾掇干净的小北像一只雪白的毛团，作为一只俊美的中华田园犬露出了真容。我们家小北真的是长得十分好看的，我拍胸脯保证。

　　接下来，就是打防疫针、给它添置衣物睡铺、置办吃食，一点也不轻松。好在我对它的"万般讨好"它也都感受得到，一群人里特别黏我。每天出门的时候，我把它放在一个帆布袋里背到片场，我拍戏的时候它就乖乖待在化妆间门口它的小窝里。

　　小北好像天生就是待在剧组的狗，音响导演一喊"全场静音"，它也耷拉下尾巴一动不动；导演一喊"cut"，它就跑过来，绕着我脚边转两圈。你伸手在它背上呼噜几下，它才停下来靠着你的腿；一开拍，它又悄悄地回到自己的小窝。

小北也是一只特别讲义气的狗。拍《穿越火线》的时候，我时常有大夜戏要拍，它就一直跟着我在片场待着。片场人来人往的，路过的人看它可爱都要逗它几下，它也没办法睡踏实，只能跟着一起熬夜。我让工作人员把它藏在化妆间里，这样好歹能休息一会儿，结果不一会儿它自己又钻出来了，一边看着我拍戏一边强打精神"艰难营业"的样子好笑又可爱。

每天早上被小北"踩"醒，如老父亲一般操心它的吃喝拉撒，下班时把帆布袋一铺好，它就自觉摇着尾巴钻进袋子，再把它带回酒店。它分明已经成为我生活的一部分，是我在照顾它，更是它在陪伴我。每次看着它在屋子里东张西望跑来跑去，我也会清晰地感觉到，这样一个小小的生命也成了我肩上的一份责任。

与生活
同速

◻

我们的工作日常就是被人催和催别人，
我们永远在比谁跑得更快、跑得更远。

可是这样真的好吗？

Speed

+

Patience

07

（07）

与生活同速

如果问我整季《亲爱的客栈》录制下来印象最深的事，我脱口而出的一定是做窑鸡。说到做窑鸡，我就有很多话要说了。

那天的两位客人很早就预定了一只烤鸡，接单那一刻，我激动的心情无以言表，因为这是我们客栈的第一只烤鸡，也是我这个厨房小白第一次自己尝试用土窑烤鸡。我抱着不成功便成仁的"豪情壮志"开始了。从清理生鸡，到调味、生火、入窑，一系列工序都非常顺利，当然，除了生火时我的头发被烧焦这个小插曲。看着窑鸡正式开始进入烤制，我一边安排着其他工作一边满心期待。

　　终于，当我端着烤好的窑鸡出场时，那开心满足的心情不亚于在心里放了两万响烟花，还得配上恢宏的交响乐BGM。但是人生哪里有这么一帆风顺呢？前边顺顺利利，关键时刻该来的还是来了。窑鸡上桌一分钟，见多识广的客人就断定这只鸡没有熟。垮了垮了。那一刻，我的心从三伏天直接掉进了十二月的冰窟窿，这种形容毫不夸张。回头看了节目，我觉得后期的大雪还得加码。在这里还是非常感谢那两位客人，她们非常照顾我的感受，非常理解我，这也让我更加自责。回到厨房，我很庆幸那里没别人，因为当时我的脑子已经陷入了真空状态，心里只有一个想法：我做的第一只窑鸡没有熟！一个硬菜！

　　那天晚上收拾完躺在床上，这只窑鸡怎么就没做熟呢？这个问题一直萦绕在我脑海。其实答案很简单，就是烤鸡的火候还不够，太着急想要把这只鸡完美地摆在客人面前，没有耐着性子准备妥当。但我们的生活里，不到火候的，仅仅是这只失败了的窑鸡吗？

　　我以前说过这样的玩笑话，我们的工作日常就是被人催和催别人，我们永远在比谁跑得更快、跑得更远。赶车、赶飞机、赶流程、赶拍摄、抢光、抢妆……每一天都充斥着速度的比拼，无论是和别人还是和自己，慌慌张张地上路，再慌慌张张地结束。

　　可是这样真的好吗？慌张变成慌乱，太想尽快做好而无法集中在事情本身，无法去周全考虑这件事的细枝末节，而每一个完整圆满都是由无数个细枝末节堆积起来的。就像服装，你不亲自上身试，就不知道哪一件真的适合你；就像拍照，你不留够充足的时间，就不知道以什么样的情绪摆什么样的 pose 能和环境与服装融合精彩出片；就像演戏，没有足够的生活体验，也没有足够的沉浸式角色感受，就不知道故事里的人物动机和情绪表达，就无法和角色共情，把纸片人变成观众心里活生生的人。

　　在这个高速运转，模式化、流水线化的社会，我们生活得太快太快，为了目标忽略了生活和初心，于是有人站出来说我们要慢下来。慢下来是什么呢？在我心里，慢下来是与生活同速，不疾不徐、秩序井然。沉下心来积淀，扎扎实实把每一步都走踏实了，这只"窑鸡"一定就熟得很美味。

自由
和我

□
我会把"自我"，
理解成"自由和我"。

平衡它们的过程，
就是在塑造自我。

Freedom

+

Instinct

08

慢慢地走，
走入一片辽阔。

（08）

自由和我

我特别特别喜欢的事情：拍戏、电竞、骑马。大概因为做这三件事的时候，我觉得非常自由。

拍戏，是一种变成另一个人的自由感。有几个月的时间，可以暂时忘记自己本来是什么样子，以另一个身份活着，做一些作为我本人，难有机会，或者绝不会做的事情。比如黎簇的叛逆，萧炎的"怼天怼地"，也比如陈乐云和路小北的困境。

电竞，是进入另一个世界的自由感。这个世界里，目标非常纯粹甚至单一，达成目标的方式也很简单。决定胜负，靠的就是技能的熟练与灵活程度、经验的积累和团队配合。没有什么复杂的规则和隐形的条条框框，在这种环境下，为了目标而努力的过程，就很像一场自由表演，没什么观众，但是任由你发挥。

骑马，则是我在现实世界里，最自我的一种自由。

开始接触骑马，和真正爱上骑马，应该都是在拍戏的时候。男人，谁不喜欢在马背上驰骋、沿途欣赏自己打下的江山的那种英雄风范呢？但其实有时候沿着片场规定的道路，小跑一小段，来来回回，也不是特别过瘾。我想马一定也这么觉得。

直到有一次，来到青海的大草原。虽然当时我骑的也是一匹训练有素的演员马，但它踏上那片草原的一瞬间，我看到了它原本的样子。马是属于草原的，天性就是奔跑。在辽阔无垠的它的天地里，日行千里、汗血宝马、马到成功……这些词，才有了最形象的解释。

　　人骑在马背上视野会非常开阔，看到眼前一望无垠的草地，我觉得在那一瞬间，自己也感受到了一种前所未有的自由。伏在奔腾的马背上，大脑完全是放空的，只有感官在工作。眼睛、耳朵、嘴巴、鼻子充斥着风声和刺激感，压力、情绪全都消失了，只有一同奔跑的欲望。

　　回归自然，人才是完整的。在自然事物面前，人类所有的心情和动作，就是骑马飞奔时扬起的一粒沙而已。越靠近自然，人就越渺小，那些平日里被放大无数倍之后模糊掉的部分，自然就完整了。我会把"自我"，理解成"自由和我"。平衡它们的过程，就是在塑造自我。那些在人类世界里不得不扔掉的欲望、天性、自由，和我，在与马一同奔驰的那一瞬间，都找回来了。

我很喜欢跑步，
脚踏实地的感觉很好。
我也很喜欢骑马，像是在地面飞行，
有温度有生命的飞行。

他的存在，
我的存在

□
那一瞬间，
有一个人，
我要和他好好告别，
因为再也见不到了。

In

+

Out

09

（09）

他的存在，我的存在

前段时间，《穿越火线》杀青了，我也记不清这是二十年里我的第几次杀青。

许导是个细致耐心、要求极高的人。没拍几天我就摸出了规律，"这条不错的，这条很好"之后，一定是一句"我们再来一条"。一直到互相都能心领神会地 get 到"对！是这个感觉，到这个点了！"的时候，过。杀青的最后几场也不例外。

当时是个比较激动人心的场面，我和战队的小伙伴一起，满天满地都是闪闪发亮的礼花。（为了不"剧透"，只能说到这里。）来了几条记不太清了，反正到后来，闪闪发亮的不只是礼花，还有大家的眼睛。

知道这是最后一场的时候，我其实挺平静的。但越往后，就有点开始希望再听一遍"我们再来一条"。虽然能感觉到，大家的状态，离到达过的那个"点"，越来越近了。

好吧我承认，心境如此，但当时连着两个通宵之后，我还是很想听到"小北杀青"的。放心，该来的总会来的，现场的对讲机里传出许导的声音："小北杀青！"那一瞬间，周围顿时就沸腾了，工作人员们聚拢过来奔走欢呼，我的战队小伙伴们，直接举起两支巨大的纸花筒对着我头顶上方，我下意识地闭起了眼缩起了头，结果在嘈杂的人声里等半天也没等来那两声"嘭"，再睁开眼发现他们在手忙脚乱地研究说明书。

然后是再熟悉不过的，上蛋糕、大合影，和每个人说"辛苦了"，听每个人说"杀青快乐"。看着战队的小伙伴们，看着导演组、制片组、灯光组、道具组、服装组、化妆组……的每一个工作人员，我知道我们总会再见的，所以没有不舍。我抱着不太给面子、拼命想挣脱我的狗北（狗狗小北），笑得非常大声。

那一瞬间，有一个人，我要和他好好告别，因为再也见不到了。可是只有导演一句杀青的时间，快得我还在恍惚，他就不见了。身边的声音全是"磊磊辛苦了""磊磊杀青了"……

这五个多月里，我们是真实地朝夕相处。一开始也不熟悉，他觉得我这里这样表达不太对，我觉得他那个思路不太合逻辑。也觉得别扭过，他限制了我很多行动，但他教我把轮椅使得非常"溜"。在铁蒸笼一样的运输船上一起滚到满身黑汗的那些时候，也能算得上痛并快乐着。他其实挺烦的，在片场形影不离盯着我搞得我压力巨大就算了，晚上回去了也不放过我。玩几局《穿越火线》和我谈谈心就算了，更过

分的时候做梦都是他，仿佛是要和我搞什么 CP。但他也挺好的，哪儿好就不说了，大男人不说这些磨磨叽叽的矫情话。

其实我也能再看见他，但那时候，就不是那个在我面前、在我身边、在我脑子里的他了。他是你们的了。有句话怎么说的来着："他是你们的，我什么都没有。"差不多就这个感觉吧。不过把他送给你们，我也挺开心的，仿佛把几个月的压力和心情都卸空了。但你们要不要他呢，到时候又该紧张了。我觉得他挺好的，你们会喜欢的吧。

拍戏特别累的时候我偶尔会想，这人谁啊，我累到裂开了就是为了证明他的存在，凭什么哦。可是杀青的那一瞬间，我突然有点害怕，哎你别走啊，你走了，我又是谁呢？

再见了，路小北。再见了，陈乐云、百里鸿烁、杨平、黎簇、萧炎……

谢谢你们存在过，也谢谢你们，证明过我的存在。

不是他们的时候，我是谁呢？能给出让自己满意的答案的时候，我可能就是真的铁血男人了。

所谓舞台和角色的共鸣，
就是用角色，
说出观众的心声。

遥远的
亲密关系

□
有这么一群人，
我们曾经一起
遍历山河、共度风雨，

有这么一段日子
是我们彼此永不褪色的
青春记忆。

Memory

+

Happiness

10

（10）

遥远的亲密关系

"我们在哪里？"

"我们在×××。"

"我们在哪里"系列是我和我的粉丝之间一个众所周知的"秘密"，像一个暗号。每次我一举手机自拍，他们就知道"我们在哪里"要来了，他们一接上我就知道，这是我的人没错了。

刚开始做"我们在哪里"系列，是因为每一次我出现都是我的粉丝们拿着相机、手机拍我，我也很想把他们的样子

拍在自己的手机里，想要记住每一个支持我的人。后来，每一次我能和他们见面的时间都被工作充斥，急匆匆的，我们也没有时间像最开始一样聊聊天接接茬，所以我就干脆尽可能地每一次都加入这样一个环节，一个私人的环节。

我用镜头记录下来的这一群人，来自五湖四海。我也许并不能记住他们每一个人的名字，但我会记得他们真切的眼神。无论我去到哪里，总有他们的身影在等待。我疲惫时给我加油，我难过时送来安慰，我开心时和我一起傻乐，他们陪我一起成长了很多很多年。在节目录制的深夜，他们举着灯牌等着我下班；在人潮拥挤的机场，他们自发地环绕在我身边和我聊天，给我空间；在每一个公众场合，尽他们所能给我最多的掌声、最好的应援。也许有人会说他们疯狂，但是这种发自真心的付出和关爱，如人饮水，只有我知道。

我常常会想，我何德何能收获这么多陪伴和爱？演员是我的梦想，也是他们对我的期望。在我追逐梦想的路上，是他们给了我勇气，是他们为我的梦想加油。

我们的关系有很多种。有时候在陌生的城市结束工作，看到守候在外的他们，就像放学见到亲人一般；有时候很久没有见面，在机场他们会叽叽喳喳向我分享这段时间的趣事，像久未见面的朋友一样说说彼此的近况；有时候上班路上，他们会远远地给我加油，像每天清晨推窗问候的近邻，彼此打气开启新一天的忙碌。是这样舒服的关系，让我安心走到今天。

我记得很多年以前，就有一个粉丝经常来各个活动支持我。我慢慢长大，她也在成长。前段时间我在机场见到她的时候，她已经不再是我刚见到她时的青涩模样，穿着打扮也成熟了许多，也许也有了自己的工作和生活吧，但她和我说话的样子还和很多年前一模一样。这样一起成长的感觉，真的很奇妙，也很让人感慨。

　　每每到这时候我也会很自豪，这样一群人因为我以各种形式相聚在一起，收获一段可贵的情谊。他们也会给彼此勇气，鼓励彼此过好自己的生活，成长为更好的自己。这也是我最大的希望。

　　而"我们在哪里"也是我们一起成长的一个记录和见证。也许到以后我们都白发苍苍，我的手机里也积攒了成千上万个"我们在哪里"。没事的时候翻翻手机，会想到有这么一群人，我们曾经一起遍历山河、共度风雨，有这么一段日子是我们彼此永不褪色的青春记忆。

　　这也是一种幸福的感觉吧，所以，我们下一个"我们在哪里"见？

[尾声]

地面飞行

[尾声]

地面飞行

　　地面飞行？这年轻人！我非常努力地把这句话贯穿了整个写真拍摄，回想一下，可能也贯穿了前二十年的人生。

　　二十年里的第一次，我踏在毕棚沟十一月初的积雪上，大脑因为四千米的海拔略微有些恍惚。睁大眼睛看着宛如电脑屏保一般、纯净得不太真实的风景，摆出张开双臂拥抱空气的姿势。远处山尖上的夕阳余晖好像快要化掉的草莓雪顶，小时候家门口老爷爷缠的棉花糖仿佛飞到了半山腰。我站在地面上，带着飞翔的高度。

　　二十年里的第十几次，我踏在没插钥匙的四轮汽车驾驶室的脚踏板上，抚摸着熟悉又陌生的仪表盘、方向盘、换挡杆，心里思考着驾考时的安排和考题，脑海中已经为自己拟好了一部公路片的脚本。本三轮车神，是时候更新一下技能了！我踏在地面，带着飞翔的幻想。

　　二十年里的第几十次，我踏在马背两边的马镫上，伏在另一个流淌着满腔热血的生命上方，感受着自由挥洒的欲望和欢乐。从两只略微翘起的小耳朵中间看到无尽延伸的远方，充满节奏感的颠簸告诉我脚下便是路。我驰骋在地面，带着飞翔的心情。

　　二十年里的第几百上千次，我踏在飞机座椅前方的空地上，翻着接下来的日程安排。窗外的云成了一座座山，平日里遥远的光源在这种时候就显得触手可及。偶尔的晃动反倒给我一种有落脚点的踏实感。马不停蹄地穿梭在不同城市，和一张张可爱的笑脸互相陪伴。我降落在地面，依旧带着飞翔的向往。

地面飞行，听起来是非常考验飞行员技术的操作。但我更想把它当作"地面"和"飞行"两种状态的融合。我经常需要飞行，为了在我选择的道路上前行；我也经常需要触及地面，为了积蓄更强的起飞助推力。

载着一个梦想、很多期待，和不断叠加的经历，WL1226次航班竟然也已累计飞行175200小时。飞行次数记不住了，飞行里程也算不清楚。能在这本书里稍稍降落一下，整理行囊和仓储，也要谢谢你们愿意接纳、愿意等待、愿意倾听。

那现在，就让我再次起飞。我希望自己的这场飞行，不急于行至目的地。我期待在起起伏伏的航路上，舷窗外的每一段风景和同行人的每一刻陪伴。我不担心遇到气流，逆风时的颠簸让我更有勇往直前的实感。我永远感谢，有人愿意做我的地面，让我随时降落，随时再次出发。也很希望，这本书能成为我们的秘密基地，来自四面八方的梦想们能在这里降落，抖一抖风沙，重新闪闪发光，与我一同前行。

在天马行空的时候仍能感知"庸俗的幸福"，在坎坷跋涉的时候依旧不忘"磊落的梦想"，这大概就是，我会一直追求的，地面飞行。

end.

图书在版编目（CIP）数据

地面飞行 / 吴磊著. -- 北京 : 中国华侨出版社,
2020.1（2020.4重印）

ISBN 978-7-5113-8090-6

Ⅰ.①地… Ⅱ.①吴… Ⅲ.①吴磊 – 生平事迹 – 摄影
集 Ⅳ.①K825.78-64

中国版本图书馆CIP数据核字(2019)第255621号

地面飞行

著　　者：吴　磊

责任编辑：滕　森

特约编辑：江舟忆　　　　　　　筹划出版：有风文化

出版统筹：吴兴元　　　　　　　营销推广：ONEBOOK

装帧制造：墨白空间·肖雅　　　经　　销：新华书店

开　　本：787mm×1330mm　1/24

印　　张：9

字　　数：90千字

印　　刷：北京盛通印刷股份有限公司

版　　次：2020年3月第1版　　2020年4月第2次印刷

书　　号：ISBN 978-7-5113-8090-6

定　　价：68.00元

中国华侨出版社　北京市朝阳区西坝河东里77号楼底商5号　邮编：100028

法律顾问：陈鹰律师事务所

发 行 部：(010) 64013086　　传真：(010) 64018116

网　　址：www.oveaschin.com　　E-mail：oveaschin@sina.com

后浪出版咨询(北京)有限责任公司

出 品 / 吴磊工作室

出品人 / 悦悦 ___ 总监制 / 张亭 ___ 项目负责 / 思敏 ___ 项目执行 / 龙龙　竹子

摄 影 / 述禾 ___ 造型师 / 陆桂雨 _ 执行造型师 / Lulu _ 妆　发 / 刘诗坤